AF463896

LE MOINEAU
DE LESBIE

COMÉDIE EN UN ACTE

Représentée pour la première fois à la Comedie Française,
le 22 mars 1849.

CORBEIL, typ. et lith. de CRÉTÉ.

LE MOINEAU
DE LESBIE

COMÉDIE EN UN ACTE

PAR

ARMAND BARTHET

TROISIÈME ÉDITION.

PARIS
MICHEL LÉVY FRÈRES, LIBRAIRES-ÉDITEURS
RUE VIVIENNE, 2 bis.

MDCCCLI.

❁

Lugete, o Veneres Cupidinesque,
Et quantum est hominum venustiorum!
Passer mortuus est meæ puellæ,
Passer, deliciæ meæ puellæ,
Quem plus illa oculis suis amabat:
Nam mellitus erat, suamque norat
Ipsam tam bene, quam puella matrem:
Nec sese e gremio illius movebat;
Sed circumsiliens modo huc, modo illuc,
Ad solam dominam usque pipilabat.
Qui nunc it per iter tenebriosum,
Illuc, unde negant redire quemquam:
At vobis male sit, malæ tenebræ
Orci, quæ omnia bella devoratis:
Tam bellum mihi passerem abstulistis.
O factum male! o miselle passer,
Tua nunc opera, meæ puellæ
Flendo turgiduli rubent occelli.

CATULLE. — *Carmen* III.

❁

PERSONNAGES.

CATULLE.	MM.	MAILLART.
PISON, patricien, ami de Catulle, 25 ans.		BRINDEAU.
CORNELIUS, — — —		DELAUNEY.
MANLIUS, — — 45 ans.		GOT.
DAVE, esclave de Catulle.		FONTA.
LESBIE.	Mmes	RACHEL.
CHRYSÉLIS, suivante de Lesbie.		BERTIN.
LICINIA, affranchie.		MIRECOUR.
ESCLAVES.		

La scène est à Rome, vers le temps de la guerre entre César et Pompée, cinquante ans environ avant l'ère chrétienne.

LE MOINEAU

DE LESBIE

SCÈNE PREMIÈRE.

CATULLE, MANLIUS, CORNELIUS, PISON. Ils sont à table chez Catulle, servis par des esclaves et couchés sur des lits à la manière antique.

PISON.

Qu'en dis-tu, Manlius?

MANLIUS.

Je ne te savais pas,
Catulle, si funèbre à la fin d'un repas.
Quand on a le vin triste, on s'enferme pour boire.

CORNELIUS.

O les naïves gens! Mais vous me feriez croire
Que vous prenez Catulle au sérieux!

PISON.

Venir
Le verre en main, chez lui, jurer qu'à l'avenir
Des Romains stupéfaits il sera le modèle.
Et tout cela d'un ton sépulcral..... — J'en appelle!
Dans les propos de table, à bas la gravité!

CATULLE.

Morne ou gai, grave ou fou, j'ai dit la vérité.

PISON.

Encor!

CORNELIUS.

Répète un peu, Catulle, après rasade,
Tous ces grands mots éclos dans ton cerveau malade.

PISON.

Malade? dis donc ivre!

CATULLE.

Écoutez. — Pour toujours
J'abdique, ô mes amis, les faciles amours,
Le Cécube à pleins bords sur les tables rougies,
Les nymphes du Vélabre et les folles orgies;
Et si je bois autant à moi seul que vous trois,
C'est — j'en jure les Dieux! — pour la dernière fois.

CORNELIUS.

Mais c'est un vrai serment!

CATULLE.

Aussi vrai que Néère,
Ta maîtresse, à Plancus n'a point été sévère;
Aussi vrai que tes airs de tête languissants
Soulèvent au Forum le rire des passants.

PISON, riant.

Cornelius, attrape!

CATULLE.

Aussi vrai qu'on t'accuse,
Pison, d'aimer par trop le vin de Syracuse.

MANLIUS.

Ça, c'est tout d'une voix.

CATULLE.

Vrai comme Cupidon,
Manlius, te malmène et te traite en barbon;
Témoin la Daphnidès, courtisane fieffée,
Dont tu prisas si haut la pudeur tarifée,
Et qui te fit payer si cher une vertu
Que les rameurs du Tibre estimaient un écu.

PISON.

Bien appliqué. Mais trêve à la plaisanterie!

CATULLE.

Je ne plaisante pas, amis...... — je me marie.

TOUS.

Bah!

CATULLE.

J'ai fait le projet peut-être ambitieux
D'illustrer à mon tour le nom de mes aïeux:
Or, la main de Sexta, fille d'un consulaire,
Devient de mon succès le gage tutélaire,
Et m'ouvre le chemin des charges de l'État.
Riche et patricien, si je n'entre au sénat,
Je revêts la chlamyde — et j'offre mon épée,
Pour battre Mamurra-César, au grand Pompée.
Qui sait? peut-être un jour.....

MANLIUS.

Catulle *imperator*
Verra luire à son front une couronne d'or.
Vite, un char de triomphe!

CORNELIUS.

Holà ! vite un esclave
Qui, faute de licteur, apporte un laticlave.
La pourpre ne t'ira pas mal.

PISON.

Par Jupiter !
Sur la chaise curule il aura fort bon air.

CATULLE.

Vous raillez, mes amis, et vous plaignez sans doute
L'imprudent qui, pour suivre une nouvelle route,
Détache avant le temps les roses de son front....
Mais c'est à moitié fait. — Assez d'autres prendront
Ma place tiède encor, ma coupe encor remplie...
Vous n'en souffrirez guère.

PISON.

A propos, — et Lesbie ?
Te voilà désormais contraint d'y renoncer.

CATULLE.

C'est un triste devoir, et tu m'y fais penser.
Je l'aime.

PISON.

En es-tu sûr ?... A boire !

CATULLE.

A boire, esclaves !
Versez ! encore un jour de gaîté sans entraves.
Versez ! encore un jour de liberté. — Demain
Naît avec le soleil le jour de mon hymen.
Buvons, ô mes amis, à nos amours passées,
Aux festins qui ceignaient de couronnes tressées

Nos têtes de vingt ans, — aux paresseux loisirs
Que venait caresser l'aile d'or des plaisirs,
— Buvons à la jeunesse, — aux roses passagères
Qu'effeuillaient à nos pieds les danseuses légères,
Buvons, ô mes amis, — et que nos fronts joyeux
Revêtent pour un jour l'auréole des Dieux !

PISON.

Bien dit. — A ton bonheur, Catulle !

MANLIUS.

A la folie !

PISON.

A Bacchus !

CORNELIUS.

A l'Amour !

MANLIUS.

Au Falerne !

CATULLE.

A Lesbie !

Haut les coupes !

DAVE, *entrant.*

Seigneur, une affranchie est là
Qui demande à te voir de la part de Sexta.

PISON.

De la part de Sexta ! — mais la plaisanterie
Serait-elle poussée au point qu'il se marie ?

CATULLE.

Qu'elle entre. — Vous allez tous en juger.

SCÈNE II.

LES PRÉCÉDENTS, LICINIA.

CATULLE.

C'est toi,
Licinia. Salut et bonheur. — Mais à quoi
Dois-je ton arrivée en ces lieux?

LICINIA.

Un message,
Seigneur.

PISON, bas à Manlius.

Une rupture ou peu s'en faut, je gage.

LICINIA.

Sexta, pendant la nuit dernière, n'a rêvé
Qu'hymen rompu toujours avant d'être achevé.
Elle a, dès son réveil, consulté les augures;
Mais croyant en amour leurs promesses peu sûres,
Elle n'en tient nul compte, et c'est pâle d'ennui,
Qu'elle m'a raconté le rêve de sa nuit.
Elle voudrait te voir.... — Pour ma jeune maîtresse,
L'oracle le plus sûr est un mot de tendresse.
Viendras-tu?

CATULLE.

J'y serai dans une heure. On m'attend
A la porte Latine où je cours à l'instant
Chercher les diamants commandés pour la fête...
J'irai du même pas en étoiler la tête
De ma chère Sexta. — Ces gages d'avenir
Peut-être changeront ses terreurs en plaisir;
Et, si ma voix d'ailleurs a quelqu'effet sur elle,
Nous la verrons bientôt gaie autant qu'elle est belle.
Annonce-moi.

LICINIA.

J'y cours.

(Elle sort.)

CATULLE.

Pour dernière santé,
Buvons, ô mes amis, à ma félicité.
Les bons vins que ces vins de Falerne et de Grèce !...
Faut-il y renoncer aussi ? — L'heure me presse :
J'ai donné rendez-vous au marchand pour midi ;
Qu'au moins je sois exact si j'achète à crédit.
A demain, — n'allez pas l'oublier. — Je vous quitte....
Sexta, vous le savez, compte sur ma visite.
Or — sauf à revenir de tant d'empressement —
La veille d'être époux on est encore amant.
Salut.

TOUS.

Salut, Catulle.

SCÈNE III.

CORNELIUS, MANLIUS, PISON.

CORNELIUS.

Et surtout, bon courage !
On s'embarque gaîment.... mais gare le naufrage !

PISON.

Un si charmant buveur ! — Il va, le malheureux,
Pêcher en eau bien trouble un bonheur bien chanceux.

MANLIUS.

Quand on vise au sénat et qu'on veut être riche !
C'est un jeu comme un autre. — On gagne, on perd, on triche...
Seulement, à ce jeu, c'est toujours le mari
Qu'on triche, et plus il perd, plus tout le monde en rit.

PISON.

C'est bien fait. Quelle idée, aussi!... Pour moi, j'estime,
A parler franc, l'hymen un coupe-gorge intime.
Fine qui m'y prendra! car j'ai toujours pensé
Que rien n'est malheureux comme un bonheur forcé.
Un gai refrain vaut mieux que dix épithalames!
Comme on change de vins, il faut changer de femmes,
Et, de l'une sur l'autre égarant son amour,
N'obéir qu'au caprice et vivre au jour le jour.
Pour moi, c'est ma méthode — et je la trouve bonne.

CORNELIUS.

On s'en lasse. Catulle était plus que personne
De ton avis... pourtant au filet conjugal
Le voilà pris.

PISON.

Eh bien, tant mieux! C'est un rival
Que je ne craindrai plus.

CORNELIUS et MANLIUS.

Un rival?

PISON.

Oui. Lesbie
Est fort belle.

MANLIUS.

Est charmante!

CORNELIUS.

Adorable!

PISON.

Accomplie!
Moi je l'aime, d'abord.

MANLIUS.

Moi, j'en raffole.

CORNELIUS.

Moi,
Je ne puis soutenir son regard sans émoi.

MANLIUS.

Bon ! nous voilà tous pris de passion subite !
Tendre et touchant accord dont je vous félicite.
Mais n'allons pas l'un l'autre à l'envi nous jouer...
Courtiser trois de front, c'est vouloir échouer.

PISON.

C'est cela, Manlius, commence l'entreprise...
Quand nous arriverons, la place sera prise.

CORNELIUS.

Le piége est bien grossier pour que nous y tombions.

MANLIUS.

Vous ne m'entendez pas.

PISON.

Explique-toi ; voyons.

MANLIUS.

Entre trois amoureux mettez une coquette,
Et si chacun des trois autour d'elle caquette
Et lui fait les yeux doux, il est sûr que, cent fois
Pour une, ils la verront glisser entre leurs doigts.
Faisons mieux : aujourd'hui tentons une escarmouche
Chacun comme il l'entend.— Au but si quelqu'un touche,
Qu'il persiste, mais seul ; ses rivaux éconduits,
Bien loin de le gêner, deviendront ses appuis.
De la sorte, il est sûr à peu près que la belle,
Se fatiguant bientôt du rôle de cruelle,

Parmi nous, un beau jour, choisira son amant.
Tant mieux pour qui saura choisir le bon moment !

CORNELIUS.

Beau projet !

PISON.

Plan superbe ! et qui fera ta gloire.
Tu vaux ton pesant d'or, Manlius, — après boire.

MANLIUS.

Dans une heure. — Prenez note du rendez-vous.

PISON.

C'est convenu.

CORNELIUS, allant pour sortir.

Lesbie !

PISON.

Amour, c'est de tes coups !

SCÈNE IV.

LES PRÉCÉDENTS, LESBIE, CHRYSÉLIS.

LESBIE.

Seigneurs, je vous salue. — Esclaves, votre maître ?

DAVE.

Il ne saurait longtemps tarder à reparaître.
Faut-il l'avertir ?

LESBIE.

Non, j'attendrai... — près de vous,
Si vous le permettez, seigneurs ?

MANLIUS.

C'est à genoux
Que nous t'en supplions, adorable Lesbie.
Pour moi, j'achèterais — fût-ce au prix de ma vie !
Le plaisir de te voir un instant.

LESBIE.

C'est bien cher.

PISON.

C'est peu pour un bonheur dont un Dieu serait fier !

CORNELIUS.

On serait trop payé seulement d'un sourire.

LESBIE.

Quel assaut de fadeurs ! En vérité, j'admire
Vos propos galantins et vos airs langoureux.
Par accident, seigneurs, seriez-vous amoureux ?

PISON.

Et quand cela serait ! — Pour vouloir m'en défendre,
J'ai le parler trop franc, et j'ai le cœur trop tendre.

CORNELIUS.

Pour rester froid à tant de merveilleux appas
Il faut un cœur de marbre, — et le mien ne l'est pas.

MANLIUS.

Jamais corps plus charmant, jamais plus doux visage
De la belle Cypris a-t-il rendu l'image !
Faut-il donc s'étonner...

LESBIE.

Entends-tu, Chrysélis ?
Dieux ! le plaisant trio de soupirants transis !

Et peut-on débiter d'un sang-froid si comique
Le monotone aveu d'une ardeur emphatique !

PISON.

N'en accuse que toi...

LESBIE, l'interrompant.

Mais d'où vient ce concours
De soupirs enflammés et d'amoureux discours ?
C'en est trop à la fois, convenez-en. — Si tendre
Que soit mon cœur, encor ne sauriez-vous prétendre
Que pour vous plaire à tous je le misse en lambeaux.
Vous voilà trois, — tous trois galants, riches et beaux,
Tous trois patriciens, tous trois la fleur de Rome !
Comme Pâris, j'hésite et je n'ai qu'une pomme...
La donner ? Volontiers ! — mais auquel de vous trois ?...
Parlez l'un après l'autre, et je ferai mon choix.

PISON, à part.

Ce début-là promet.

MANLIUS, à part.

La coquette enragée !

CORNELIUS, à part.

C'est partie à refaire : on l'a mal engagée.

PISON.

(A part.) (Haut.)
Bah ! pourquoi pas ? — Mes vœux, séduisante...

LESBIE.

Pison,
C'est sans doute le vin qui trouble ta raison.
Je ne t'ai jamais vu qu'à table. — Comment vivre
En tiers avec les brocs d'un amant toujours ivre ?
Autant vaudrait une outre.

PISON, à part, en saluant.

En ce cas, serviteur.
D'athlète que j'étais, me voilà spectateur.
Et d'un !

LESBIE, à Cornelius qui s'avance et à qui elle ne laisse pas le temps de parler.

Cornelius, un souci me tourmente :
Ta tunique est au musc, ta toge est à la menthe,
Et c'est le nard, je crois, que sentent tes cheveux.
Je ne puis supporter les odeurs.

PISON, à part.

Et de deux !

LESBIE, à Manlius, même jeu.

Neuf lustres, Manlius, — c'est bien vieux. A cet âge
La passion s'émousse et le cœur devient sage.
D'ailleurs, tu dois avoir appris sous Daphnidès,
Ce qu'aux beaux surannés peut coûter un succès ;
Or, usé, ruiné, passant la quarantaine,
Une intrigue avec toi… — ce n'est guère la peine !

PISON, à part.

Et de trois !

(A Manlius.)

Manlius, je te fais compliment ;
Jamais plan mieux conçu n'eut plus prompt dénoûment.

MANLIUS, à demi-voix.

Mon plan !… mais on l'a pris à l'envers, je suppose ?

CORNELIUS, de même.

Quelle leçon !

PISON, de même.

Pourquoi t'inonder d'eau de rose ?

CORNELIUS, de même.

Fi, l'ivrogne !

PISON, de même.

Le vin à quelque chose est bon.
Bacchus guérit les cœurs qu'a blessés Cupidon.

MANLIUS, de même.

Bah ! tout n'est pas perdu, bien que l'échec soit rude.

PISON, de même.

Quel sang-froid ! ce que c'est pourtant que l'habitude.
Mais vengeons-nous.

(Haut.)

Amis, vous savez que demain
Catulle nous attend pour fêter son hymen
Avec Sexta...

LESBIE, avec éclat.

Pison ?

PISON.

Tu l'ignorais encore ?...
Imprudent que je suis, et combien je déplore
Cette indiscrétion maudite !

LESBIE, regardant Pison.

Je comprends.....
Il a bu ce matin dans des verres trop grands. —
Manlius, dit-il vrai ?

MANLIUS.

C'est un bruit qui circule.
Mais puisqu'il va venir, interroge Catulle ;

Il te répondra mieux que personne. — Au revoir,
Lesbie.

LESBIE, *rêveuse.*

Adieu, seigneurs.

MANLIUS, *à demi-voix.*

Quant à nous, à ce soir.
Partons.

SCÈNE V.

LESBIE, CHRYSÉLIS.

LESBIE.

Suis-je éveillée, et n'est-ce point un rêve?
Ce qu'ils m'ont appris là me frappe comme un glaive...
Se marier! Catulle!...

CHRYSÉLIS.

Eh! ce serait pour toi,
Lesbie, un accident des plus heureux, crois-moi.
Vivre comme tu vis maintenant, est-ce vivre?
— Autrefois, mille amants empressés à te suivre...

LESBIE.

L'ingrat! m'abandonner, me trahir sans pitié,
Quand pour lui, Chrysélis, j'ai tout sacrifié!
Je le vois maintenant : cette amour sans pareille
Dont sa trompeuse voix m'avait charmé l'oreille,
M'échappe, — et me voilà, sans espoir désormais,
Comprenant, mais trop tard, qu'il ne m'aima jamais!...

CHRYSÉLIS.

Trop tard! non. Si Catulle abdique son empire,
Point de lâches regrets! — C'est, tant mieux! qu'il faut dire.

Souviens-toi du passé. Ces fiers patriciens
Dont le monde est l'esclave, — ils étaient tous les tiens ;
Dans tes appartements, les parfums d'Arabie
Comme aux autels des Dieux brûlaient devant Lesbie,
Et cette Cité-Reine, ivre de tant d'orgueil,
Toi, tu l'agenouillais à tes pieds, — d'un coup d'œil !
Un beau jour, quand chacun t'environne et t'envie,
A tant d'empressements tu dérobes ta vie.....
Ce fut un bruit dans Rome ! — Et tout cela, pourquoi ?
— Pour quelques méchants vers d'un poëte sans foi. —
Eh ! qu'est-ce que des vers ! — Mais dans Rome étonnée
Tu peux reconquérir ta haute destinée :
Fais un signe, Lesbie, et tu verras demain
Si l'amour de ton seuil sait encor le chemin.
Chaque jour, enchaînant de nouvelles conquêtes,
L'éclat de ton triomphe et le bruit de tes fêtes
Au monde émerveillé conteront tes splendeurs ;
A l'abri désormais de ces folles ardeurs
Que Catulle te fait expier par des larmes,
Tu comprendras enfin tout le prix de tes charmes,
Et sachant immoler l'amour à d'autres soins,
Tu régneras d'autant que ton cœur battra moins.....

LESBIE.

Mais je l'aime... je l'aime !... et je sens dans mon âme
Triompher malgré moi cet amour que je blâme ;
Je me sens, malgré moi, les yeux gonflés de pleurs...
Je l'aime, Chrysélis..... et l'on n'a pas deux cœurs.

CHRYSÉLIS.

Le cœur ! toujours le cœur ! un petit mot perfide
Auquel on fait tout dire à cause qu'il est vide.
Rendons grâces aux Dieux.....

LESBIE, qui n'écoute plus Chrysélis.

Mais viendra-t-il ? — J'attends.
Dans un trouble inquiet je compte les instants...
Douter ! quand il y va du bonheur de ma vie,
Quelle horrible souffrance ! — On entre... lui !

SCÈNE VI.

LES PRÉCÉDENTS, CATULLE.

CATULLE.

Lesbie !
(Bas.) (Haut.)
Le fâcheux contre-temps !... — Sans m'avoir prévenu,
Ta présence en ces lieux...

LESBIE.

Catulle, m'aimes-tu ?
Réponds-moi sur-le-champ.

CATULLE.

Mais daigne au moins m'apprendre...

LESBIE.

Réponds d'abord. Après, je me ferai comprendre.

CATULLE.

(Bas).
Que lui dire ?... Comment franchir ce mauvais pas ?...
(Haut.)
Lesbie, en vérité, je ne m'explique pas
L'étrange question...

LESBIE.

Quand tu m'aimais, Catulle,
A cette question d'une amante crédule,

Tes baisers seuls auraient répondu... — Je le vois,
Tu n'es plus aujourd'hui le même qu'autrefois.
Tu te tais... dans tes yeux ton embarras redouble...
Va, je devine trop la cause de ton trouble !

CATULLE.

Écoute-moi.

LESBIE.

Sortons, Chrysélis.

CATULLE.

Mon amour
A toujours conservé l'ardeur du premier jour.
Je t'aime, tu le sais, et si jamais...

LESBIE.

Écoute,
Catulle. — Tout à l'heure il me restait un doute :
Il ne m'en reste plus maintenant : la rougeur
De ton front a trahi le secret de ton cœur.
Tu ne sais pas assez dissimuler... Ton âme
Est comme un livre ouvert sous les yeux d'une femme.

CATULLE.

Mais...

LESBIE.

Pas un mot.

CATULLE.

Je jure...

LESBIE.

Ami, pas de serments.
Ne me force donc pas à te dire : — Tu mens !

CATULLE.

Eh bien, je serai franc. — Je t'aime encor, Lesbie...
Mais... malgré moi... demain...

LESBIE.

Demain?

CATULLE.

Je me marie.

LESBIE.

C'était donc vrai! — Malheur à moi! car je t'aimais,
Parjure sans pitié, comme on n'aima jamais.
Adieu, Catulle, adieu... Ce coup m'a frappé l'âme...
Adieu! car j'ai besoin de pleurer...

CATULLE, la regardant s'éloigner.

Pauvre femme!

SCÈNE VII.

CATULLE, seul.

Ma foi! mieux vaut brusquer ainsi le dénoûment,
Chaque instant de retard est un nouveau tourment.
Il fallait que l'orage éclatât... — C'est dommage
Qu'on ne puisse mener de front le mariage
Et le plaisir! Époux de l'une, mais amant
De l'autre, — ce serait un dédommagement.
Sexta? je l'aime aussi sans doute... mais Lesbie!
Par le char d'Apollon! c'est qu'elle est fort jolie,
Et que dans Rome on n'a jamais vu plus beaux yeux
Briller d'un feu plus vif sous des cils plus soyeux.
Un esprit si charmant! une main si petite!
Des lèvres qu'envieraient les lèvres d'Aphrodite...

O Lesbie ! ô Lesbie ! et combien j'aimais voir
Son sourire éclairer pour moi l'ombre du soir !
Combien d'instants heureux j'ai passés à l'entendre,
Chaque jour aussi belle et chaque jour plus tendre,
De son cœur dans mon cœur épancher les trésors...
Et quitter tout cela ! — J'en ai presque un remords.
Mais bah ! n'y songeons plus. Des intérêts plus graves
Doivent seuls désormais me diriger...

(Appelant.)

Esclaves !

Ordonnez la maison... Vous savez que demain
La fille de Sextus doit me donner sa main.
Préparez les parfums, les fleurs, les cassolettes,
La toile d'Ionie et les riches toilettes...
Que chacun soit à l'œuvre, — et que dès le matin
Dans le triclinium on dresse le festin.

(Catulle sort.)

SCÈNE VIII.

DAVE, ESCLAVES. Les esclaves emportent la table encore chargée de coupes et d'amphores.

DAVE.

Aller se marier à vingt-cinq ans ! — Poëtes,
Serez-vous donc toujours les martyrs de vos dettes ?
A quoi bon tant d'esprit si vous ne savez pas
Trouver d'autre moyen pour sortir d'embarras ?...
Aux jours les plus heureux de sa belle jeunesse,
Rompre avec ses amis, rompre avec sa maîtresse,
Pour se marier... — Mais, c'est bête !... Si j'osais,
J'irais trouver Catulle, et je lui parlerais.

SCÈNE IX.

LES PRÉCÉDENTS, CORNELIUS.

CORNELIUS.

Personne encore ici?

DAVE.

Non, seigneur.

CORNELIUS.

Et Catulle?

DAVE.

Il s'éloigne à l'instant.

(Les esclaves se retirent.)

CORNELIUS, seul.

Passion ridicule!
Sot amour! — Maintenant suis-je assez maltraité?
Mais je n'ai rien à dire et l'ai bien mérité,
Car après la leçon que nous avions subie,
Aller m'offrir encore aux dédains de Lesbie,
C'était chercher l'ornière où j'ai fait ce faux pas!
C'est étrange pourtant, — et je n'en reviens pas...
Moi, Cornelius, moi! qu'on admire, et qu'on nomme
En me voyant passer l'Alcibiade de Rome,
Me dédaigner ainsi!... — Mais c'est lui... c'est sa voix,
C'est Pison! — L'on dirait un molosse aux abois.

SCÈNE X.

CORNELIUS, PISON.

CORNELIUS.

Nous arrivons ensemble. — Eh bien?

PISON.

Que Tisiphone
De ses serpents de feu me tresse une couronne,
Si j'oubliais jamais, et ce jour, et l'affront
Dont une courtisane a fait rougir mon front !...
Le croirait-on jamais, qu'un homme de ma sorte
Ait, comme un porte-faix, été mis à la porte !

CORNELIUS, riant.

Que s'est-il donc passé ?

PISON.

Le fat ! il paraît...

CORNELIUS.

Quoi ?
J'en suis, s'il s'agit d'elle, au même point que toi.
Mais j'ai le bon esprit d'en rire. La colère
Est sotte en pareil cas, et pour n'avoir su plaire
Il ne faut pas s'aller jeter au Tibre. — Un peu
De calme, et pour gagner attendons meilleur jeu.

PISON.

C'est bien toi que j'entends ! — C'est à ne pas y croire.
Depuis quand philosophe à ce point ?

CORNELIUS.

Ton histoire ?
J'en suis impatient.—Tu railleras après.

PISON.

Je guettais le départ de Lesbie. — Ici près,
Comme j'allais tourner le coin du temple antique
Dressé par nos aïeux à l'Honneur Domestique,
J'avise un marchand grec frais débarqué d'hier,
Qui rangeait sur le quai sa boutique en plein air...

Quelle aubaine ! J'achète un collier de topazes,
Un grand miroir d'acier poli, deux jolis vases
De bronze athénien, des grains d'ambre, un péplum
Comme n'en a jamais brodé le Latium;
Je charge des présents mon nègre de Nubie,
Et—le front radieux—je vole chez Lesbie.
Le seuil était désert, et je trouve en entrant
La maison dans le trouble et les femmes pleurant...
« — Parques ! pourquoi trancher une si belle vie !
« Pleurez, Grâces, pleurez l'oiseau cher à Lesbie ! —»
Tout surpris, j'interroge... on ne me répond pas.
J'insiste ; Chrysélis survient, et sur ses pas
Je vois tout éplorée arriver sa maîtresse,
Qui, sans me laisser dire un mot de ma tendresse,
Sans me donner le temps d'étaler mes trésors,
Me fait signe du geste... et me voilà dehors !
Eh bien, devine un peu, Cornelius, devine,
De ce grand désespoir quelle était l'origine ?

CORNELIUS.

Deviner, c'est trop long.

PISON.

Au moins, me croiras-tu?..
C'est la mort d'un oiseau !

CORNELIUS.

Je t'ai mal entendu...
D'un oiseau?

PISON.

D'un moineau ! — Je l'appris d'une esclave
Qui poussait chaudement sur un sujet si grave
Des cris à réveiller Tarquin l'Ancien...

CORNELIUS.

Très-cher,
Je me trompe à coup sûr, — mais je te trouve l'air
D'un homme bafoué d'une façon sanglante...
Un moineau !... Par Pollux ! la farce est excellente.

PISON.

Que l'on m'ait bafoué, d'accord. — Mais à ton tour,
Cornelius, dis-moi tes succès en amour.

CORNELIUS.

J'ai rencontré Lesbie. Elle était en litière,
Et ses gladiateurs tenaient la rue entière :
Le moyen de passer sans faire de mon mieux
Pour lui toucher le cœur par le chemin des yeux !
Peine et soupirs perdus, mon cher. — Fatal présage !
Une sombre tristesse accablait son visage...

PISON.

Le moineau !

CORNELIUS.

Le fait est qu'elle m'a laissé là,
Et qu'elle a poursuivi sa route.

PISON.

C'est cela.
Le moineau !

CORNELIUS.

Manlius !

SCÈNE XI.

LES PRÉCÉDENTS, MANLIUS.

PISON.

Eh bien, quelle nouvelle ?
L'as-tu pu rencontrer ?

MANLIUS.

J'arrive de chez elle.

CORNELIUS.

Maintenant ?

MANLIUS.

Maintenant.

PISON.

Mais parle donc !

MANLIUS.

Sort,
Maudits soient tes décrets ! — L'impitoyable Mort
A d'un coup de sa faux jeté droit au Tartare...

PISON.

Le moineau !

MANLIUS.

Tu l'as dit. — Oiseau brillant et rare,
Il paraît ; car Lesbie et ceux de sa maison
En sont tous, de chagrin, tombés en pamoison.

PISON.

Eh bien, Cornelius ?

CORNELIUS.

Inouï !

PISON.

C'est unique !
Peut-être verrons-nous demain la République
Se déclarer en deuil de ce méchant moineau.

CORNELIUS.

Tenons-nous pour battus en attendant.

MANLIUS.

Tout beau !
Demain, je veux revoir Lesbie... — Avec emphase
Comparant le défunt au noble oiseau du Phase,
Je veux en son honneur dépasser Cicéron
Et faire fondre en pleurs tous ceux qui m'entendront.
— Sous ce déguisement, je pourrai dans l'oreille
Lui glisser quelques mots d'amour...

PISON.

Je te conseille
De joindre à ton discours le projet d'un tombeau.
Il faut un cénotaphe à l'ombre du moineau !

MANLIUS.

Et pourquoi pas ?

CORNELIUS.

Allons, va pour un cénotaphe !
Catulle en vers badins en fera l'épitaphe.

PISON.

Et des gladiateurs au regard menaçant
En l'honneur du moineau viendront verser leur sang.
Bon Manlius ! encor s'il pouvait d'aventure
Repeupler son front chauve et changer de figure !

CORNELIUS.

A quoi bon ? Manlius est vieux, il n'est pas beau;
Mais, — comme pis aller...

PISON.

Il vaut bien un moineau.

SCÈNE XII.

LES PRÉCÉDENTS, CATULLE. Il dépose en entrant un écrin sur un meuble.

CATULLE.

Quels éclats ! Le falerne aux têtes juvéniles
Bouillonne plus longtemps qu'aux cratères fragiles.

PISON.

Par miracle, aujourd'hui l'ivresse n'est pour rien
Dans nos joyeux propos. — C'est ta Lesbie...

CATULLE.

Eh bien ?

MANLIUS.

Qui, folle de douleur et de pleurs inondée,
Se consume en sanglots dont tu n'as pas idée.

CATULLE.

Pauvre femme !

PISON.

Comment ! saurais-tu par hasard
Le mot de cette énigme ?

CATULLE.

Après votre départ
Ce matin, je l'ai vue, — et sur mon mariage
De lui tout avouer j'eus le triste courage.
Triste nécessité ! — Nous ne nous verrons plus.

MANLIUS.

Ménage des soupirs aujourd'hui superflus ;
Ris plutôt avec nous, car tu n'es point en cause
Dans tout ceci.

CATULLE.

Vraiment ! c'est donc ?...

CORNELIUS.

C'est autre chose
Apparemment.

CATULLE.

Mais quoi ?

PISON.

Son moineau....

CATULLE.

Son moineau ?

MANLIUS.

Il vient, l'infortuné, de descendre au tombeau.

CATULLE.

Et c'est là, vous croyez, pourquoi Lesbie en larmes
Au deuil qu'elle s'impose abandonne ses charmes ?

MANLIUS.

Les amants qui s'en vont sont bien vite oubliés.

PISON.

Je voudrais voir Lesbie et Catulle à ses piés,
Pour juger de quel air un homme qui croit être
Adoré peut entendre un démenti.

CATULLE.

Peut-être.
Vous la connaissez mal, et, si je le voulais,
Je soutiens que d'un mot je la consolerais.

CORNELIUS.

Quelle présomption !

PISON.

Quelle forfanterie !

MANLIUS.

Tu te flattes, Catulle.

CATULLE.

Eh bien, je le parie !...
Bien mieux, vous la verrez.

PISON.

Chez elle ?

CATULLE.

Ici.

PISON.

Le fat !

MANLIUS.

J'accorde qu'elle vienne, — oui, mais dans quel état !
En deuil de son moineau, pâlie et désolée,
De sa sotte douleur sottement affublée,
Ne parlant qu'en hélas ! et scandant chaque mot
Pour se donner le temps d'y placer un sanglot.

PISON.

Je veux voir son visage éclairé d'un sourire.

CATULLE.

Soit.

PISON.

Que parions-nous, beau poëte, — ta lyre ?

CATULLE.

Qu'en ferais-tu, Pison ?

MANLIUS.

Quand tu nous as surpris
Riant de si bon cœur que tu nous croyais gris,
Nous voulions au moineau dresser un cénotaphe.

CORNELIUS.

Si bien que, pour lui faire une digne épitaphe,
On parlait de ton style.

PISON.

Un tombeau pour enjeu !
C'est un pari de luxe et comme on en voit peu.
En lettres d'or — charmante et folle parodie —
On gravera : *Ci gît le moineau de Lesbie.*
Catulle, acceptes-tu ?

CATULLE.

C'est dit. Et si je perds,
Je fais dresser la tombe et je dicte les vers.

PISON.

Quand saurons-nous...

CATULLE.

Bientôt ; car j'ouvre la campagne.
Mes tablettes... deux mots à la hâte... et je gagne.
Tenez, c'est déjà fait.

(Appelant.)

Dave ! Cours sans retard
Chez Lesbie, et dis-lui que tu viens de ma part.
Tu me comprends ?

DAVE.

Oui, maître.

(Il sort.)

CATULLE.

Et vous, quand la sirène
Viendra, vous entrerez dans la chambre prochaine.
Au moment opportun je vous appellerai.

PISON.

C'est convenu. — Bravo! très-cher, je te sais gré
De ta fatuité. — Le beau scandale! et comme
A tes dépens, demain, l'on va rire dans Rome!

CATULLE.

C'est ce qu'il faudra voir.

PISON.

La bonne occasion,
Pour m'égayer un peu de ta confusion!

CATULLE.

Je suis confus, c'est vrai, mais c'est de tes sottises.
Tu n'as d'esprit, Pison, que lorsque tu te grises :
Par malheur, tu n'as pas assez bu ce matin.

PISON.

Est-ce ma faute à moi? — C'est celle de ton vin.

MANLIUS.

Et Sexta?

CATULLE.

Qu'ai-je fait!... — Amis, l'heure s'avance;
Entrez tous là dedans.

MANLIUS.

Catulle, bonne chance.

PISON.

Si nous rions trop fort, tu nous avertiras.

SCÈNE XIII.

CATULLE, *seul.*

Toujours nouvelle ornière et nouvel embarras !
Quoi ! j'épouse Sexta demain — et je l'oublie!
Sur quel pied maintenant le prendre avec Lesbie !
Fuir ? — Mais leurs quolibets me poursuivraient partout.
Rester ? — Mais elle vient, et je l'aime après tout;
Mais je vais la revoir belle et passionnée,
Me reprocher encor ce fatal hyménée...
Et d'un autre côté, le temps passe, Sexta
M'attend... — Peste de moi ! — Les joyaux que voilà
Ne me disaient-ils pas que l'heure est mal choisie
Pour risquer si gros jeu sur une fantaisie !...
Depuis longtemps, Catulle, aux yeux de bien des gens
Tu brillais par l'esprit plus que par le bon sens.
Tu trouvais ces gens-là niais outre mesure...
Le niais, c'était toi; — car ta sotte aventure
Vient leur donner raison, et montrer à chacun
Combien peu ton cerveau loge de sens commun.
— Bon ! que me voilà bien ! Quand j'ai fait la sottise,
Je me prends à partie et je me moralise.
Par Jupiter ! dans Rome on n'a jamais bâté
Ane qui me valut pour la stupidité !
Mais, du sang-froid... — Voyons à me tirer d'affaire
Sans trop de ridicule et de honte... — Que faire ?
Dave ne revient pas...

SCÈNE XIV.

CATULLE, LESBIE. — CORNELIUS, MANLIUS, PISON, cachés.

LESBIE.

Catulle, me voici.
Un esclave est venu me prévenir qu'ici
Tu m'appelais.

CATULLE.

C'est vrai.

LESBIE.

J'étais loin de m'attendre
A ce message étrange, et je ne puis comprendre,
Après notre entretien si triste de tantôt,
La raison qui te fait me rappeler sitôt.
Pourtant, je suis venue.

CATULLE.

Et je t'en remercie...
C'est un pénible effort que mon cœur apprécie.

LESBIE, à part.

Ne m'en sache nul gré... Le douloureux bonheur
De le revoir encor m'a fait battre le cœur.

CATULLE, à part.

Qu'elle est pâle! Je sens dans le fond de mon âme
D'un amour mal éteint se ranimer la flamme.

LESBIE.

Que voulais-tu de moi?

CATULLE, à part.

Je me sens interdit
Au point de ne pouvoir parler...

(Haut.)

On m'avait dit
Qu'en proie à la tristesse et d'ennuis accablée,
Tu pleurais, sans vouloir même être consolée.
Pourquoi ces pleurs?

LESBIE.

C'est toi qui viens le demander !

CATULLE.

Pourtant...

LESBIE.

Eh bien?

CATULLE.

On dit...

LESBIE.

Parle sans éluder.

CATULLE.

Excuse-moi, Lesbie; un rêve, une sottise,
Je suis mystifié! — S'il faut que je le dise,
Il s'agit d'un... moineau!

LESBIE.

C'est vrai. — Te souvient-il
D'avoir trouvé, le jour des calendes d'avril,
Un petit nid de crin que la jeune famille
Venait d'abandonner au coin de la charmille?
Un seul oiseau restait, un seul, et son essor
A voler hors du nid n'arrivait point encor ;
Tu le pris doucement dans ta main... le soir même,
A mon tour je le pris dans ton sein. — Combien j'aime
A feuilleter ainsi dans les jours du passé
Comme un bonheur présent mon bonheur effacé !

— T'en souvient-il, Catulle? — Il pépiait, son aile
Paraissait appeler la leçon maternelle;
Et comme il voletait de mon doigt sur le tien,
Tu t'approchais de moi toujours plus près... si bien
Que je sentais courir dans les fleurs de verveine
Qui ceignaient mes cheveux, le feu de ton haleine,
Et que, toute à l'amour qui parlait dans ta voix,
Je sentais mon cœur battre et trembler à la fois.
Pauvre oiseau! Dès ce jour, à sa fragile vie
J'attachai le destin de l'amour qui nous lie,
— Qui nous liait, pardon! — De mon frêle bonheur
Frêle palladium, c'était tout pour mon cœur.
Or, ce matin, à l'heure où je venais d'apprendre
Cet hymen que j'hésite encore à bien comprendre,
A l'heure où de retour dans mon appartement
J'éclatais en sanglots... — Subit pressentiment!
Mon passereau! — Soudain je cours à la fenêtre...
Le cœur a des instincts qu'on ne peut méconnaître!
Je ne me trompais pas..... — Las! dans sa cage d'or,
Si joyeux ce matin, je le retrouvai mort.
Je me sentis pâlir... Faible et crédule femme,
Ce coup, comme un malheur, m'avait pénétré l'âme,
Et je m'évanouis... — Pauvre amour! pauvre oiseau!
On dirait que le Sort d'un seul coup de ciseau
Les a tués tous deux. Que la mort les rassemble!
C'est de toute justice... — ils périrent ensemble
De la même façon qu'ensemble ils sont éclos.

CATULLE.

Le hasard a parfois d'étranges à-propos.

LESBIE.

C'est la voix du Destin que ce muet langage.
De mon triste avenir c'est le triste présage...

Après un bonheur court viennent les longs regrets !

CATULLE.

L'avenir ! qui pourrait en sonder les secrets ?

LESBIE.

L'avenir est bien triste, alors que dans son âme
On a de tout espoir vu s'éteindre la flamme.

CATULLE.

C'est trop désespérer. A la fin vient le jour
Où dans l'âme un amour remplace un autre amour.

LESBIE.

Non, Catulle, non pas. — Dans une seule vie
On n'a qu'un seul amour, et je t'aimais...

CATULLE.

Lesbie,
Laissons ces souvenirs... Quand le cœur est froissé,
C'est un amer écho que celui du passé.

LESBIE.

Oui, changeons de propos...—Mais par quelle aventure,
Dans ce brillant écrin cette riche parure?
Le splendide camée ! — Et ces flèches d'argent ?
Quel travail ! — Et ce beau lapis au bleu changeant !
Pour qui donc ces joyaux ?... — Que je suis étourdie !
J'apprends son mariage et déjà je l'oublie...
Qu'elle doit être heureuse !... Elle est belle, dis-moi ?
— Allons, ami, sois franc.

CATULLE.

Mais... moins belle que toi.

LESBIE.

Flatteur! — Ces diamants sont d'une eau merveilleuse;
Comme ils étalent bien leur chaîne radieuse!
Et comme cet onyx au transparent éclat
Doit bien sur une épaule attacher la stola!
Tu vas me trouver folle à lier... — mais pardonne!
Je voudrais sur mon front essayer la couronne
Qu'elle mettra demain pour la première fois.
Ne me refuse pas, c'est pour un instant...—Vois,
Suis-je belle?... Jadis, quand ton cœur plein d'ivresse
Battait à l'unisson du cœur de ta maîtresse,
Je me parais ainsi.

CATULLE.

C'est ainsi que le jour
Où la première fois je te parlai d'amour,
Des perles d'Orient sur ton front enlacées,
S'égrenaient et tombaient sous mes mains insensées.

LESBIE.

Tu t'en souviens encore?

CATULLE.

Oh! si je m'en souviens!
Mes yeux avec prière interrogeaient les tiens;
Et quand ton doux regard, enivrant interprète,
Me laissa deviner sur ta lèvre discrète
L'aveu tant souhaité que j'invoquais... je crus
Voir l'Olympe entr'ouvert et dans mes bras Vénus...
O souvenir brûlant! Ineffable murmure
Des jours qui ne sont plus!

PISON, entr'ouvrant la porte de la chambre où il est caché avec Cornelius et Manlius.

(Bas).

Finiront-ils?

LESBIE.

Parjure,
Pourquoi ce bonheur-là s'est-il donc envolé?

CORNELIUS, bas.

Nous perdons...

PISON, bas.

Chut!

CATULLE.

Épargne un amant désolé.
Oui, nous avons passé de bien beaux jours ensemble.
Jours si vite écoulés, que parfois il me semble
Sortir d'un rêve d'or...

LESBIE.

Quel rêve que l'amour!
C'est à la fois le plus charmant et le plus court.

CATULLE.

Quand un rêve est si doux, il faut fixer le rêve.

LESBIE.

On le croyait fixé, — le temps passe... et l'enlève.

CATULLE.

L'amour rend le bonheur, dit-on...

LESBIE.

Si tu m'aimais!

MANLIUS, bas.

Il faut intervenir maintenant ou jamais.

SCÈNE XV.

CATULLE, LESBIE, — MANLIUS, CORNELIUS, PISON,
sortant bruyamment de la chambre où ils étaient cachés.

MANLIUS.

Il suffit. — Nous donnons gain de cause à Catulle.

LESBIE, à Catulle.

Que veut dire ?...

CATULLE.

Tu vas le savoir. — Par Hercule !
Amis, je vous avais si bien tous oubliés,
Qu'une minute encore et j'étais à ses piés.

LESBIE.

Que faisiez-vous donc là, seigneurs?

CATULLE.

Une gageure,
Une sotte à la fois et charmante aventure...
Je te conterai tout.

SCÈNE XVI.

LES PRÉCÉDENTS, LICINIA.

LICINIA.

Catulle, je t'attends.
La clepsydre a marqué l'heure depuis longtemps ;
Sexta s'impatiente et trouve sans excuse
La coupable froideur que ta lenteur accuse...
— Un aussi long retard, c'est presque un abandon.

PISON.

Catulle, vas apprendre à demander pardon.

(Lesbie fait un pas pour s'éloigner et un geste pour défaire sa couronne.)

CATULLE, retenant Lesbie

Reste.

(Se tournant vers Licinia qui est restée debout près de la porte.)

Licinia, va dire à ta maîtresse
Que Catulle n'est pas digne de sa tendresse ;
Que dans son cœur un autre amour qu'il croyait mort,
Un instant assoupi, s'est réveillé plus fort ;
Dis-lui qu'il n'est point fait pour les plaisirs sévères
Du foyer, — plaisirs purs, mais souvent éphémères,
Car il ne faut qu'un souffle, hélas! pour les troubler...
— Au bonheur de Sexta j'aime mieux m'immoler.

(Licinia sort.

SCÈNE XVII.

CATULLE, LESBIE, CORNELIUS, MANLIUS, PISON.

CATULLE.

Tu voulais me quitter tout à l'heure, Lesbie ?

LESBIE, se jetant dans ses bras.

O Catulle, merci ! — Je suis comme éblouie,
Je sens mon front rougir, et mon cœur s'abîmer...
Et pour tant de bonheur je ne puis que t'aimer !

MANLIUS.

Cette pauvre Sexta, — va-t-elle être ébaubie !

PISON.

Sans rancune, mon cher. — Tu nous reprends Lesbie,

Mais tu nous rends Catulle, et pour mieux dissiper
Mon humeur de tantôt, — si nous allions souper ?

CATULLE.

D'accord. Le vin versé dans ce gai sacrifice
A l'ombre du moineau rendra Bacchus propice.
Venez. — Et nous, Lesbie, effeuillons à loisir
Les fleurs de la jeunesse et les fleurs du plaisir.

FIN.

85

www.ingramcontent.com/pod-product-compliance
Ingram Content Group UK Ltd.
Pitfield, Milton Keynes, MK11 3LW, UK
UKHW022142170726
13837UKWH00004B/1728

9 782329 452968